read *to* me!

¡Léeme!

CHRIS HELENE BRIDGE

bright sky press
HOUSTON, TEXAS

bright sky press
HOUSTON, TEXAS

2365 Rice Blvd., Suite 202
Houston, Texas 77005

ISBN: 978-1-942945-36-9

10   9   8   7   6   5   4   3   2   1

Library of Congress Cataloging-in-Publication Data on file with publisher.

Editorial Direction, Lucy Herring Chambers
Design, Marla Y. Garcia
Spanish translation, Marla Y. Garcia

Printed in Canada through Friesens

THIS BOOK BELONGS TO:

_____

who loves to read!

ESTE LIBRO PERTENECE A:

_____

¡A quién le encanta leer!

I like to bring a book with me
everywhere I go.

I like to read about new things
and see what I don't know.

I like to hear the words
and see the pictures, too.

And you know what I really like?
I like to read with you!

So let's stop for a minute,
wherever we may be—

Any place is a good place
for you to read to me!

Me gusta llevar un libro conmigo
a todas partes que voy.

Me gusta leer sobre cosas nuevas
y ver lo que no sé.

Me gusta oír las palabras
y ver los dibujos, también.

¿Y sabes lo que realmente me gusta?
¡Me gusta leer contigo!

Entonces paremos un minuto,
dondequiera que estemos—

¡cualquier lugar es un buen lugar
para que me leas un libro!

Oh! Will you? Ple-e-e-ase?
Will you read to me?

¡Ah! ¿Lo harías? ¿Por favor?
¿Me leerás un libro?

Read to me! Read to me!
Another book!
We'll sit together
and listen and look.

We'll drink
hot chocolate
in mugs so bright
And read our books
by the fire's soft light.

¡Léeme! ¡Léeme!
otro libro más.
Nos sentaremos juntos
y escucharemos y miraremos.

Beberemos
chocolate caliente
en tazas tan brillantes
y leeremos
nuestros libros
junto a la suave luz
de la fogata.

Read to me!
Read to me!
Here on the floor!
While dinner is cooking
We'll read some more!

¡Léeme!
¡Léeme!
¡aquí en el suelo!
Mientras que la cena se está cocinando
¡leeremos un poco más!

Read to me! Read to me!
By the clean clothes!
We'll take a book break
While the dryer goes!

¡Léeme! ¡Léeme!
¡junto al montón de ropa limpia!
Tomaremos un descanso
hasta que la secadora termine.

Read to me! Read to me!
Under the tree!
We'll sit in the shade
While you read to me!

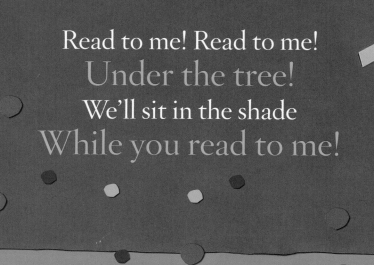

The early bird catches the worm.

Al que madruga, Dios lo ayuda.

¡Léeme! ¡Léeme!
¡debajo del árbol!
¡Nos sentaremos en la sombra
mientras lees para mí!

Read to me!
Read to me!
Here in the car!

We'll travel
through the pages
And go so far!

¡Léeme!
¡Léeme!
¡aquí en el carro!

Vamos a viajar
por las páginas.
¡Irnos tan lejos!

Read to me! Read to me!
On a mountain top high!
As the sun, moon, and stars
And clouds pass by.

¡Léeme! ¡Léeme!
¡en la cima de una montaña!
A medida que el sol, la luna,
las estrellas y las nubes pasan.

Read to me! Read to me!
By the salty sea!
We'll read about mermaids
And pirates, Matey!

¡Léeme! ¡Léeme!
¡junto al mar salado!
¡Leeremos sobre sirenas
y piratas, Amigo!

Read to me! Read to me!
Out in the boat!
We'll sit on a lake
And read while we float!

¡Léeme! ¡Léeme!
¡en el barco!
¡Nos sentaremos en un lago
y leeremos mientras flotamos!

Read to me! Read to me!
Down at the park!
We'll read and we'll play
Until it gets dark!

¡Léeme! ¡Léeme!
¡en el parque!
¡Leeremos y jugaremos
hasta que anochezca!

Read to me! Read to me!
Here in the tub!
Even ducky will listen!
Rub-a-dub-dub!

¡Léeme! ¡Léeme!
¡aquí en la bañera!
¡Hasta el patito escuchará
con ton-y-son!

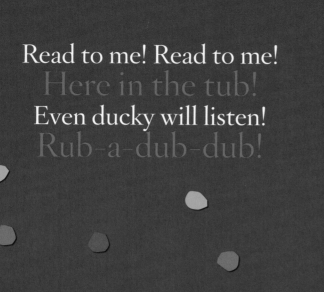

Read to me! Read to me!
With friends all around!
Snuggled up in my bed
We won't make a sound!

¡Léeme! ¡Léeme!
con amigos a mi alrededor
¡Acurrucado en mi cama
no haremos ningún ruido!

I like to read,
Wherever I go.

Where do you like to read?
I'd like to know!

Me gusta leer
dondequiera que vaya.

¿Dónde te gusta leer?
¡Me gustaría saber!

Read to me!
Read to me!
Just
one
more
book!

¡Léeme!
¡Léeme!
¡sólo
un
libro
más!

Did you know?

The more books a child owns or borrows from the library, the more years a child will spend in school.

The most important time to read to a child is from birth to five years old. But there are benefits to reading together at every age.

If children read well by the third grade they

- are happier, healthier, and more confident
- are more involved in safe, positive activities
- get better grades in every subject
- are more likely to graduate from high school
- get better jobs and help create better communities
- develop a better ability to focus
- grow up to have more successful families

Seven things you can do to help your child get ready to read

1. Read to your child every day.
2. Have fun rhyming and saying new words.
3. Use alphabet books to teach children to identify letters and make their sounds.
4. Read the words that are around you—on signs, stores and cereal boxes.
5. Ask questions or point out things in books as you read.
6. Take your child to the library often, and be sure to keep plenty of books available at home.
7. Have fun! Enjoy your time reading together!

When you take a little time to read to your child today, you make a big difference in the future.

¿Sabía Usted?

Entre más libros tenga un niño o consiga prestados de la biblioteca, más estudiará en la escuela.

La etapa más importante para leerle a un niño es desde el nacimiento hasta los cinco años. Sin embargo, hay beneficios de leer juntos a cualquier edad.

Cuando los niños leen bien para el tercer grado:

- son más felices, más saludables, y más seguros de si mismos
- se involucran más en actividades positivas y seguras
- sacan mejores calificaciones en todas las materias
- es más probable que se gradúen de la preparatoria
- consiguen mejores puestos de trabajo y ayudan a crear mejores comunidades
- desarrollan una mejor habilidad de enfocarse
- se convierten en adultos que tienen familias más exitosas

Siete cosas que usted puede hacer para ayudarle a su hijo prepararse para leer

1. Leer con su hijo todos los días.
2. Divertirse rimando y diciendo palabras nuevas.
3. Usar libros con el alfabeto para enseñarles a los niños a identificar letras y hacer sus sonidos.
4. Leer las palabras que están a su alrededor —en rótulos, en tiendas y cajas de cereal.
5. Hacer preguntas o señalar las cosas en un libro mientras lee.
6. Llevar a su hijo a la biblioteca con frecuencia y asegurarse de mantener varios libros en la casa todo el tiempo.
7. ¡Divertirse! ¡Disfrutar del tiempo leyendo juntos!

Cuándo usted toma un poco de tiempo para leerle a su niño hoy, hace una gran diferencia en el futuro.

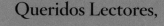

Dear Readers,

When our children were young, they loved it when we read to them. We usually read before naptime or bedtime. But often, that was not enough, and our boys followed us around with books in hand saying, "Read to me!" It didn't matter where we were or what we were doing, they had one thing on their minds; and any place seemed to be a good place to read. So, in the spirit of stopping to smell the roses, we stopped what we were doing for a few minutes to read... right on the kitchen floor, while we were doing laundry, or outside when the weather was nice.

Later, as our children learned to read for themselves, they read to us. Today, our children are grown, but still we all enjoy reading and talking about good books.

Happy reading, wherever you may be!

Queridos Lectores,

A nuestros hijos les encantaba que les leyéramos cuando eran pequeños. Acostumbrábamos leerles antes de la siesta o antes de la hora de dormir. Pero la mayoría de las veces eso no era suficiente, y nuestros niños nos seguían a todos lados con libros en las manos y diciéndonos, "¡Léeme!" No importaba donde anduviéramos o que estuviéramos haciendo, sólo tenían una cosa en mente; y cualquier lugar era un buen lugar para leer. Así es que, haciendo a un lado nuestra ajetreada vida, parábamos lo que estuviéramos haciendo por unos minutos y nos poniamos a leer... en el piso de la cocina, mientras lavábamos la ropa, o afuera de la casa si el clima lo permitía.

Más tarde, cuando nuestros hijos empezaban a leer por sí mismos, nos leían a nosotros. Ahora, nuestros hijos han crecido, pero todavía disfrutamos leer y hablar acerca de los buenos libros.

¡Que tengan una feliz lectura, dondequiera que estén!

Chris